BEI GRIN MACHT SICH IHR WISSEN BEZAHLT

- Wir veröffentlichen Ihre Hausarbeit, Bachelor- und Masterarbeit

- Ihr eigenes eBook und Buch - weltweit in allen wichtigen Shops

- Verdienen Sie an jedem Verkauf

Jetzt bei www.GRIN.com hochladen und kostenlos publizieren

Bibliografische Information der Deutschen Nationalbibliothek:

Die Deutsche Bibliothek verzeichnet diese Publikation in der Deutschen Nationalbibliografie; detaillierte bibliografische Daten sind im Internet über http://dnb.d-nb.de/ abrufbar.

Dieses Werk sowie alle darin enthaltenen einzelnen Beiträge und Abbildungen sind urheberrechtlich geschützt. Jede Verwertung, die nicht ausdrücklich vom Urheberrechtsschutz zugelassen ist, bedarf der vorherigen Zustimmung des Verlages. Das gilt insbesondere für Vervielfältigungen, Bearbeitungen, Übersetzungen, Mikroverfilmungen, Auswertungen durch Datenbanken und für die Einspeicherung und Verarbeitung in elektronische Systeme. Alle Rechte, auch die des auszugsweisen Nachdrucks, der fotomechanischen Wiedergabe (einschließlich Mikrokopie) sowie der Auswertung durch Datenbanken oder ähnliche Einrichtungen, vorbehalten.

Impressum:

Copyright © 2019 GRIN Verlag
Druck und Bindung: Books on Demand GmbH, Norderstedt Germany
ISBN: 9783346008794

Dieses Buch bei GRIN:

https://www.grin.com/document/497068

Anonym

Der Umgang mit Prozessmanagement bei mittelständischen Unternehmen

GRIN Verlag

GRIN - Your knowledge has value

Der GRIN Verlag publiziert seit 1998 wissenschaftliche Arbeiten von Studenten, Hochschullehrern und anderen Akademikern als eBook und gedrucktes Buch. Die Verlagswebsite www.grin.com ist die ideale Plattform zur Veröffentlichung von Hausarbeiten, Abschlussarbeiten, wissenschaftlichen Aufsätzen, Dissertationen und Fachbüchern.

Besuchen Sie uns im Internet:

http://www.grin.com/

http://www.facebook.com/grincom

http://www.twitter.com/grin_com

Ostbayerische Technische Hochschule Amberg-Weiden,
Abteilung Weiden
Fachbereich: Organisation und Wirtschaftsinformatik

Studienschwerpunkt: Anwendungskonzeption und Prozessgestaltung

Literatur-/Internetrecherche

Thema:
Der Umgang mit Prozessmanagement bei mittelständischen Unternehmen

Abgabetermin: Juni 2017

Inhaltsverzeichnis

Inhaltsverzeichnis I
Abbildungsverzeichnis II
Tabellenverzeichnis III
Abkürzungsverzeichnis IV

A Einleitung **1**
   I. Einführung in das Prozessmanagement **1**
      1. Problemstellung und Zielsetzung 1
      2. Definitionen 1
         2.1 Definition und Sinn für den Einsatz von Prozessmanagement 2
         2.2 Die verschiedenen Arten von Prozessmanagement 2

   II. Daten und Fakten zu mittelständischen Unternehmen **2**
      1. Klassifizierung nach Betriebsgrößen 2
      2. Das mittelständische Unternehmen im Fokus 2
         2.1 Potenzial für mittelständische Unternehmen 3

B Der Einsatz von Prozessmanagement **4**
   I. Fallstudie von bitkom und ZDH zur Digitalisierung des Handwerks ... **5**
      1. Der Fliesenlegerbetrieb der Zukunft als Einführungsbeispiel 5
      2. Offenheit für Digitalisierung 6
      3. Statistiken zur Befragung im Überblick 6
         3.1 Herausforderungen aus Sicht der Betriebe 6
         3.2 Digitale Anwendungen um Kundenbeziehungen zu pflegen 6

   II. Die Vorgehensweise und Technologie zur Umsetzung des Geschäfts-Prozessmanagements **6**
      1. Die Entwicklung der Kompetenz 6
      2. Der Bedarf 6
         2.1 Die unterschiedlichen Bedarfe zwischen den KMU's und den Großunternehmen 7
         2.2 Personelle Bedarfe 7

    2.2.1 Kompetenzbedarf 7

    2.2.2 Bedarf künftiger Mitarbeiterfähigkeiten 8

3. Politische Einflüsse und Auswirkungen 8

4. Potenziale 9

  4.1 Elektronische Rechnungen 9

  4.2 Papierakten 9

  4.3 Die Investition in die Digitalisierung 9

    4.3.1 Entwicklungsstand im Jahr 2016 9

C Resümee 10

Anhang V
Abkürzungsverzeichnis VI

Abbildungsverzeichnis

....Seite
Abb. 1: Die Definition von Prozessmanagement 1
Abb. 2: Bewertung von Digitalisierung und Industrie 4.0 2
Abb. 3: Unternehmen investieren in die Digitalisierung 3

Tabellenverzeichnis III

Seite
Tab. 1: Einzelne Betriebsgrößen im Überblick 2

Abkürzungsverzeichnis

Abs.	Absatz
CRM	Customer-Relationship-Management
ECM	Enterprise-Content-Management
EU	Europäische Union
ERP	Enterprise-Resource-Planning
ggf.	gegebenenfalls
HGB	Handelsgesetzbuch
IfM	Institut für Mittelstandsforschung
ITK	Informations- und Telekommunikationstechnik
i.H.v.	in Höhe von
i.V.m.	in Verbindung mit
KMU	kleine und mittelständische Unternehmen
u.a.	unter anderem

A Einleitung

I. Einführung in das Prozessmanagement

1. Problemstellung und Zielsetzung

Der Einsatzumfang des Prozessmanagements ist in mittelständischen Unternehmen bisher nur anteilig operationalisierbar. Dadurch kann die Herkunft der Erfolge nicht konkret auf bestimmte Vorgänge zugewiesen werden, was dazu führt, dass eine Verbesserung bzw. Veränderung nicht (immer) zielgerichtet durchgeführt werden kann. Durch die zugrundeliegende Arbeit soll festgestellt werden, in welchem Ausmaß Prozessmanagement im Mittelstand eingesetzt wird und wie letztendlich damit umgegangen wird. Das Ergebnis dieser Literaturrecherche gibt damit einen Überblick über den Entwicklungsstand und soll ggf. neue Ansätze aufdecken.

2. Definitionen

2.1 Definition und Sinn für den Einsatz von Prozessmanagement

In der heutigen Zeit ist der Einsatz von Prozessmanagement nicht nur für Großunternehmen interessant, sondern auch bei mittelständischen Unternehmen finden Ablauforganisationen ihren Einsatz. Dafür gibt es unterschiedliche Ansichten und Definitionen. Das Prozessmanagement erstreckt sich über die operative Ebene bis hin zur ablauforientierten Unternehmensführung.[1]

Anhand folgender Definition aus einer konventionellen Literatur wird der Begriff >>*Prozessmanagement*<< erläutert.

Abb. 1: Die Definition von Prozessmanagement

> Die Organisation von Geschäftsprozessen eines Unternehmens wird als Prozessmanagement betitelt. Neben der Einbindung in das Unternehmen, seine Unternehmenskultur und der strategischen Ausrichtung, wird u.a. auf die effiziente Orientierung der Geschäftsabläufe geachtet. Die Erhebung, Gestaltung, Dokumentation und Umsetzung von Prozessen sind (unabdingbare) Bestandteile des Geschäftsprozessmanagements.
>
> **Quelle:** Verlag, Springer Gabler. "Gabler Wirtschaftslexikon, Stichwort: Prozessmanagement."

---

[1] Schröder, A.: Prozessmanagement & Prozesse zum Leben erwecken, Seite 2. [Zugriff am 14.04.2017]

2.2 Die verschiedenen Arten von Prozessmanagement

Der Begriff >>*Prozessmanagement*<< ist ein Oberbegriff und wird grundsätzlich zwischen zwei Arten unterschieden. Zum einen gibt es das strategische Prozessmanagement das bei der Führung von Organisationen ansetzt und sich mit allen Aufgaben innerhalb des Lebenszyklus der Prozesse vertraut macht. Zum anderen wird das operative Prozessmanagement für Verbesserungen von einzelnen Prozesse oder Prozessbereichen angewendet.[2] In der übersichtlichen Grafik (siehe Anhang 1) werden beide Regelkreisläufe, die über Top-Down und Bottom-Up-Ansätze verknüpft sind, dargestellt.

II. Daten und Fakten zu mittelständischen Unternehmen

1. Klassifizierung nach Betriebsgrößen

Bevor auf die Verwendung von Prozessmanagement eingegangen wird, sollte man zwischen den Betriebsgrößen von kleinen, mittelgroßen und großen Unternehmen unterscheiden. Die Europäische Beobachtungsstelle für KMU, die sich an dem Vorschlag der EU-Kommission bedient, teilt die Betriebsgröße in drei Kategorien auf.[3] In der nachfolgenden Tabelle werden die Unterschiede ersichtlich.

Tab. 1: Einzelne Betriebsgrößen im Überblick

Unternehmensgröße	Beschäftigte	Umsatz in €/Jahr	Jahresbilanz
Kleinstunternehmen	0-9	bis 2 Mill. €	bis 2 Mill. €
Kleinunternehmen	10-49	bis 10 Mill. €	bis 10 Mill. €
Mittleres Unternehmen	50-249	bis 50 Mill. €	bis 43 Mill. €
Großunternehmen	ab 250	über 50 Mill. €	über 43 Mill. €

Zu beachten ist, dass die IfM Bonn (seit 01.01.2016) vorgibt, ein Unternehmen erst ab einer Beschäftigtenzahl von 500 Mitarbeitern als Großunternehmen ein-

---

[2] Schröder, A.: Prozessmanagement & Prozesse zum Leben erwecken, Seite 5. [Zugriff am 14.04.2017]
[3] Statistisches Bundesamt: Kleine & mittlere Unternehmen, Mittelstand. [Zugriff am 14.04.2017]

zustufen und das HGB für Kapitalgesellschaften ebenfalls andere Regelungen vorsieht.[4]

2. Das mittelständische Unternehmen im Fokus

Eine gesetzlich vorgeschriebene Definition für das Wort >>Mittelstand<< existiert nicht. In der Vergangenheit waren mittelständische Unternehmen meist Familienunternehmen und einheimische Betriebe. Ein hervorragendes Buch über die Geschichte des Mittelstandes namens „Die Mission des Mittelstandes", verfasste Walter Woldemar Wilhelm im Jahre 1925. In diesem Buch schrieb er 99 Thesen für das schaffende Volk nieder und spiegelte die damalige Situation wider. Ferner wird heutzutage zwischen qualitativen und quantitativen Kriterien unterschieden. Die quantitativen stehen im Zusammenhang mit den kleinen und mittleren Unternehmen. Das Akronym hierfür heißt KMU. Wann ein Unternehmen zum Mittelstand zugehörig ist, wird nicht anhand der Betriebsgröße bestimmt, stattdessen sind hier die qualitativen Merkmale maßgeblich. Definiert wird der Mittelstand durch die Einheit von Eigentum und Leitung.[5]

Indizien für die Einheit von Eigentum und Leitung sind folgende:

→ das <u>Unternehmensrisiko</u> trägt der Unternehmer selbst
→ es wird ein maßgeblicher <u>persönlicher Einfluss</u> ausgeübt
→ Sicherung von persönlichen <u>Erwerbs- und Existenzgrundlagen</u>.

2.1 Potenzial für mittelständische Unternehmen

In der Webseite des Statistischen Bundesamtes ist nachzulesen, dass die KMU's in Deutschland mit 99,3 % Gesamtanteil gegenüber den Großunternehmen (0,07 %) erheblich überwiegen. Die Statistik lässt erschließen, dass das Einsatzspektrum von Prozessmanagement im Mittelstand gewaltig ist und hier noch sehr viel Potenzial besteht den Sektor zu fördern und weiterzuentwickeln. Erstaunlich ist auch, dass 80 % der Auszubildenden in Deutschland ihre Ausbil-

---

[4] § 267 Abs.1 i.V.m. Abs.2 und Abs.3 HGB
[5] IfM Bonn: Definitionen [Zugriff am 15.04.2017]

dung in einem mittelständischen Unternehmen genießen. Dies bedeutet, es würden auch zahlreiche Nachwuchskräfte zur Verfügung stehen, welche frühzeitig in das Prozessmanagement eingebunden werden, um die anfallenden organisatorischen Tätigkeiten nachhaltig zu gestalten.

Im Anschluss folgt eine Fallstudie die in das Thema heranführen soll.

B Der Einsatz von Prozessmanagement

I. Fallstudie von bitkom und ZDH zur Digitalisierung des Handwerks

1. Der Fliesenlegerbetrieb der Zukunft als Einführungsbeispiel

Kunde A beauftragt Fliesenlegerbetrieb B, Fliesen als Fliesenspiegel in der Küche zu verlegen und zu verfugen. Das Wunschmuster sowie die Maße der Fliesen, wählt der Kunde in der Homepage des Auftraggebers aus. Dafür wird ein sogenanntes ERP-System eingesetzt. Damit wird der Auftrag an den Großhändler gesendet, der nach Eingang des Auftrags, die Fliesen zum Fliesenlegerbetrieb versenden wird. Zum nächstmöglichen Termin erscheint Fliesenleger B, um den Auftrag des Kunden A auszuführen. Kunde A unterschreibt den Auftrag am Smartphone des Handwerkers. Hierbei kommt das CRM-System zum Einsatz. Mittels dieses Systems, wird der Auftrag erfasst und digital archiviert. Dadurch erspart sich das Unternehmen Materialkosten für Papier und Verwaltungskosten für das archivieren. Nahezu jedes zweite Unternehmen macht heutzutage von diesem Geschäftsprozess gebrauch. Nachdem Kunde A unterschrieben hat, wird automatisch eine E-Mail mit der Rechnung als Anhang, an den Auftraggeber versendet. Zur digitalen Organisation von Dokumenten, findet die ECM-Software ihren Einsatz. Dies ist ein Programm, das zur Planung und Steuerung von Unternehmensressourcen dient. Mittels eines CAD-Programms, kann beispielsweise eine Schreinerei auf seine Homepage einen 3D-Konfigurator für Möbel einsetzen, um passgenaue Regale zu konzipieren. „Handwerksbetriebe, die konsequent digitale Technologien einsetzen, gewinnen

Zeit für ihre eigentliche Aufgabe: das Handwerk", sagte bitkom-Hauptgeschäftsführer Dr. Bernhard Rohleder.[6]

2. Offenheit für Digitalisierung

Bei einer Befragung (n=504) von mittelständischen Handwerksunternehmen, stehen vier von fünf Handwerksbetrieben dem Einsatz von digitalen Technologien bzw. Prozessmanagement aufgeschlossen gegenüber. Ungefähr zwei Drittel der Befragten, nehmen die Modernisierung als Chance wahr. Interessant dürfte der Einsatz von Prozessmanagement für die Logistik sein. Etwa 91 Prozent der Befragten, sehen den größten Nutzen in der optimierten Lagerung und der Verteilung von Betriebsmitteln. Das Resultat sind geringere Kosten, wegen kürzerer Lagerung und geringem Arbeitsaufwand. Einen hohen Stellenwert hat auch die Zeitersparnis. 81 Prozent der Befragten sehen Zeitersparnis als essenziell an und 78 Prozent erhoffen sich dadurch flexiblere Arbeitszeiten.

3. Statistiken zur Befragung im Überblick

3.1 Herausforderungen aus Sicht der Betriebe

Aus Firmenperspektive der mittelständischen Unternehmen, sehen 56 Prozent der Unternehmen die Digitalisierung als große Herausforderung an. Außerdem fühlen sich 26 Prozent der Befragten, in ihrer Existenz bedroht. Die Befragung hat ebenfalls ergeben, dass 29 Prozent der Befragten, Probleme haben die Digitalisierung zu bewältigen und 10 Prozent haben das Gefühl, durch die ITK-Branche aus dem Markt verdrängt zu werden.

3.2 Digitale Anwendungen um Kundenbeziehungen zu pflegen

In der bitkom-Forschung wird ersichtlich, dass das CRM-System mit 46 Prozent, den meisten Einsatz findet. 11 Prozent planen den Einsatz des CRM-Systems, um die Handhabung mit Kundenbeziehungen zu erleichtern. Das ECM System wird nur zu 22 Prozent genutzt. Das ERP-System wird hingegen

---

[6] bitkom: Presseinformation, Zwischen Tradition und Innovation
[Zugriff am 20.04.2017]

nur zu 12 Prozent verwendet. Schlusslicht ist das BIM mit nur 4 Prozent Anwendung und 4 Prozent Planung. Hier ist das Interesse sehr gering.[7]

II. Die Vorgehensweise und Technologie zur Umsetzung des (Geschäfts-)prozessmanagements

1. Die Entwicklung der Kompetenz

Um sich als Leitmarkt und –anbieter für innovative Lösungen im Bereich Industrie 4.0 zu etablieren, bringt Deutschland hervorragende Prämissen mit. Es hat nicht nur erfolgreiche Produktionssektoren in Petto, sondern auch essentielles know-how in den bedeutungsvollen Schlüsseltechnologien, sowie Stärken bei der Business-IT. Dadurch werden sehr wertvolle Arbeitsplätze erhalten bleiben bzw. neu geschaffen und ein stabiles Wirtschaftswachstum generiert.

2. Der Bedarf

Es wird davon ausgegangen, dass entweder konventionelle Tätigkeiten infolge der zunehmenden Automatisierung ersetzt oder grundsätzlich alle Aufgaben und Arbeitsprozesse komplexer und niveauvoller werden.[8] Außerdem ist nicht gezwungenermaßen eine negative Auswirkung auf den Arbeitsmarkt zu prognostizieren, da mit der Industrie 4.0 ebenfalls zahlreiche Chancen und Potenziale für die Beschäftigung einmarschieren können.[9] Die verschiedenen Entwicklungsperspektiven für Industrie 4.0 weisen einen veränderten Bedarf bei der Kompetenzentwicklung, als auch der Qualifizierung von Mitarbeiterinnen und Mitarbeitern hin.

---

[7] bitkom: Forschung, Digitalisierung des Handwerks [Zugriff am 25.06.2017]
[8] Zuboff, Shoshana: „Creating value in the age of distributed capitalism", in: McKinsey Quarterly, Nr. 3
[9] McKinsey: Institut für Arbeitsmarkt und Berufsforschung

2.1 Die unterschiedlichen Bedarfe zwischen den KMU's und den Großunternehmen

Es bestehen enorme Unterschiede bzgl. der Wahrnehmung von Chancen und Risiken, sowie des Umsetzungsstandes zwischen Großunternehmen und den KMU's. Somit wird in der Industrie 4.0 differenziert. In der nachfolgenden Abbildung wird nähergebracht, dass die KMU's die Wahrnehmung von Chancen und Risiken skeptischer betrachten, als die Großunternehmen.

Abb. 2: Bewertung von Digitalisierung und Industrie 4.0

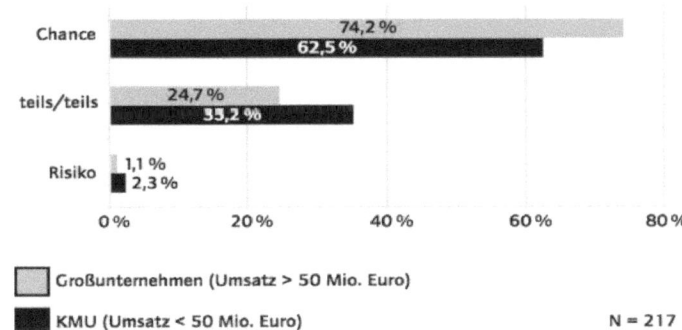

Quelle:
http://www.acatech.de/fileadmin/user_upload/Baumstruktur_nach_Website/Acatech/root/de/Publikationen/Kooperationspublikationen/acatech_DOSSIER_Kompetenzentwicklung_Web.pdf

2.2 Personelle Bedarfe

2.2.1 Kompetenzbedarf

Im Rahmen einer Kompetenzentwicklungsstudie der Acatech wurde mittels einer Befragung festgestellt, dass die kleinen und mittelständischen Unternehmen den größten Bedarf der bereichsübergreifenden Vernetzung sowohl in der Datenauswertung und –analyse, als auch im Prozessmanagement sehen. Hinsichtlich der Datenauswertung/-analyse bestand eine Einigkeit von 62,5 Prozent und das Management der Prozesse wies eine Übereinstimmung von knapp 51 Prozent auf. Schlusslicht bilden hier die Bereiche eCommerce/Marketing mit 32,5 Prozent und die künstliche Intelligenz mit 25,6 Prozent.

2.2.2 Bedarf künftiger Mitarbeiterfähigkeiten

Hier besteht primär der Bedarf an interdisziplinärem Denken und Handeln, sowie der Mitwirkung an Innovationsprozessen. Ebenso die Problemlösungs- und Optimierungskompetenz repräsentieren die Erfordernisse, ergo sind hier Berufe mit Schnittstellenfunktionen gefragt. Mit 52,5 Prozent wird deutlich gemacht, wie wichtig diese Fähigkeit für KMU ist. [10]

3. Politische Einflüsse und Auswirkungen

Die bayerische Staatsregierung will mit ihrer Strategie „Bayern Digital I" (2015-2018) einen digitalen Aufbruch erreichen. Mit einem Investitionsvolumen i.H.v. 2,5 Milliarden Euro bietet der Freistaat u.a. einen Digitalbonus an. Hier werden ausschließlich Unternehmen für Handwerk und Mittelstand subventioniert.

Fördergegenstand beim Digitalbonus:

- Entwicklung, Einführung oder Verbesserung von Produkten, Dienstleistungen und Prozessen durch IKT-Hardware, IKT-Software sowie Migration und Portierung von IKT-Systemen und IKT-Anwendungen im Unternehmen.
- Einführung oder Verbesserung von IT-Sicherheit im Unternehmen.[11]

Die bayerische Staatsregierung hat in den letzten 2 Jahren bis zu 2,5 Milliarden Euro in die Digitalisierung in Bayern investiert. Seehofer: „Unsere erste Zukunftsaufgabe lautet: Bayern – Land Nr. 1 beim digitalen Aufbruch! Für Arbeit, Chancen, Lebensqualität." [12]

---

[10] acatech: Kompetenzentwicklungsstudie Industrie 4.0, Seite 13 [Zugriff am 25.06.2017]
[11] Bayerisches Staatsministerium für Wirtschaft und Medien, Energie und Technologie [Zugriff am 25.05.2017]
[12] Bayerische Staatsregierung: Bayern Digital [Zugriff am 25.06.2017]

4. Potenziale

4.1 Elektronische Rechnungen

Bei der bitkom-Studie wurden 1108 Unternehmen ab 20 Mitarbeiter bezüglich der elektronischen Rechnungserstellung interviewt. Das Ergebnis ergab, dass ca. 17 Prozent der Befragten Unternehmen bei einer Mitarbeiterzahl von 20 bis 99, ihre Rechnungen elektronisch ausstellen. Bei einer Mitarbeiterzahl von 100 bis 499, sind es hingegen 21 Prozent, die mit elektronischen Rechnungen arbeiten. Bei dieser Studie wird auch deutlich gemacht, dass insgesamt 58 Prozent der Befragten noch mit Papierrechnungen arbeiten. Dies zeigt, dass in diesem Segment das Potenzial zur Umrüstung gewaltig ist und davon die Unternehmen, ab einer bestimmten Anzahl an Rechnungen, profitieren können.

4.2 Papierakten

Die bitkom-Studie hat ebenfalls ermittelt, inwiefern Papierakten digitalisiert werden. Hier wird deutlich, dass die Digitalisierung von Papierakten häufiger anwendet wird, als die Ausstellung von elektronischen Unternehmen. Ungefähr ein Drittel der Befragten gaben an, sich mit dem Archivieren von Papierakten nur noch digital zu beschäftigen. Das hat den Vorteil, dass man dadurch keinen Lagerraum zum Verstauen der Akten mehr benötigt, da diese am Rechner festgehalten werden. Hier ist auch ein enormes Potenzial zu erkennen, da zwei Drittel der Befragten noch die Akten in Papierform festhalten und diese auf einfachem Wege von einer Umstellung zu überzeugen sind, da prinzipiell nur Vorteile damit einhergehen.[13]

4.3 Die Investitionen in die Digitalisierung

4.3.1 Entwicklungsstand im Jahr 2016

Auch bei dieser Erhebung wird verdeutlicht, dass Investitionen künftig zunehmen werden. In der nachfolgenden Abbildung wird visualisiert, dass zwar 45 Prozent der Befragten Unternehmen bei einer Mitarbeiterzahl von 20 bis 99 ihr

---

[13] bitkom: Auf dem Weg zum digitalen Büro [Zugriff am 26.06.2017]

Investitionsvolumen steigern werden, aber auch 43 Prozent der Befragten im Jahr 2016 unverändert bleiben. Bei einer Mitarbeiterzahl von 100 bis 499 steigt zwar die Investitionszunahme um 2 Prozent gegenüber den Unternehmen mit einer Beschäftigtenzahl unter 100 Mitarbeitern. Dennoch bleiben 38 Prozent der Befragten Unternehmen ab 100 Mitarbeitern unverändert. Dies zeigt, je mehr Mitarbeiter ein Unternehmen beschäftigt, desto höher ist die Bereitschaft, im digitalen Wandel zu investieren.

Abb. 3: Unternehmen investieren in die Digitalisierung

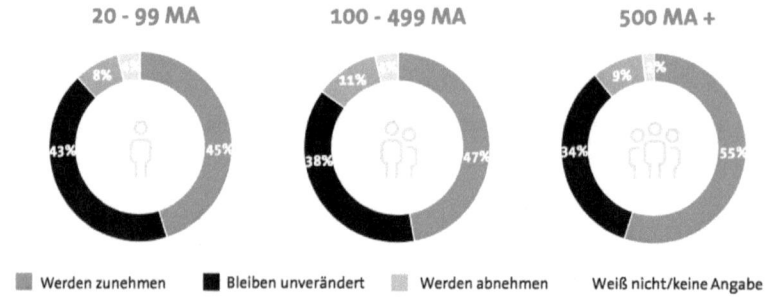

■ Werden zunehmen   ■ Bleiben unverändert   ■ Werden abnehmen   Weiß nicht/keine Angabe

Quelle:
https://www.bitkom.org/NP-Themen/NP-Hard-Software-Services-Loesungen/ECM/CeBIT-2016/Bitkom-Digital-Office-Index-PK-Charts-02.pdf

C Resümee

Anhand meiner Literaturrecherche, wird verdeutlicht wie essentiell der Einsatz von Prozessmanagement für mittelständische Unternehmen ist. Fast jedes zweite Unternehmen wünscht sich einen Wandel in ihrem Unternehmen. Dazu sind sie auch bereit zu investieren. Jedoch sehen die Unternehmen auch Hürden bei der Digitalisierung. Die Gründe sind oftmals, dass das Unternehmen zu wenig qualifiziertes Personal zur Verfügung hat oder befürchtet den Verlust von Daten. Es wird eine hervorragende Zukunft für Unternehmen, die in die Digitalisierung investieren, prognostiziert.

Anhang

Anhang 1: Strategisches vs. operatives Prozessmanagement

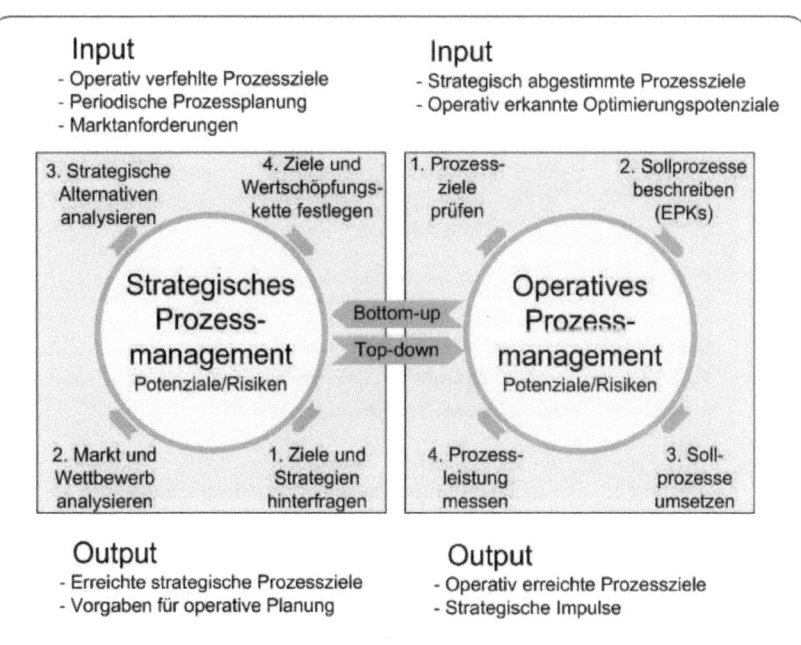

Quelle:
https://www.google.de/search?q=strategisches+operatives+prozessmanagement&client=safari
&rls=en&source=lnms&tbm=isch&sa=X&ved=0ahUKEwiKueC_haTTAhWBwBQKHQ31Ai8Q_A
UICCgB&biw=1440&bih=839#imgrc=tLv6iMYNxIxNsM:

Anhang 2: Verteilung der Unternehmensstruktur

Quelle:
https://www.destatis.de/DE/ZahlenFakten/GesamtwirtschaftUmwelt/UnternehmenHandwerk/KleineMittlereUnternehmenMittelstand/Tabellen/Insgesamt.html

Anhang 3: Die digitalen Anwendungen in Handwerksbetrieben

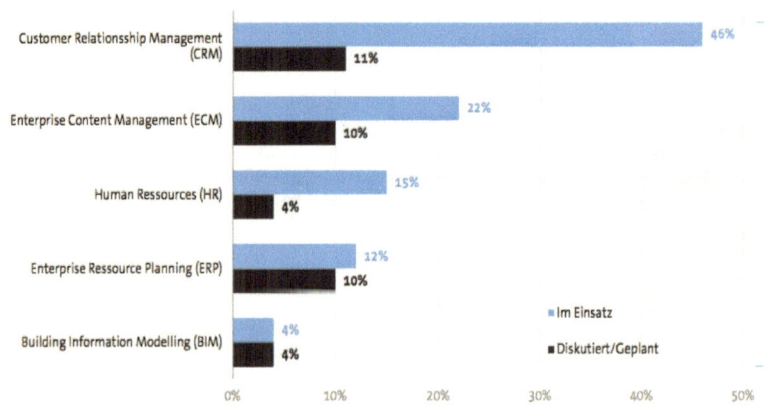

Quelle:
https://www.bitkom.org/Presse/Presseinformation/Zwischen-Tradition-und-Innovation-Das-Handwerk-wird-digital.html

Anhang 4: Status quo bei der Digitalisierung von Kernprozessen

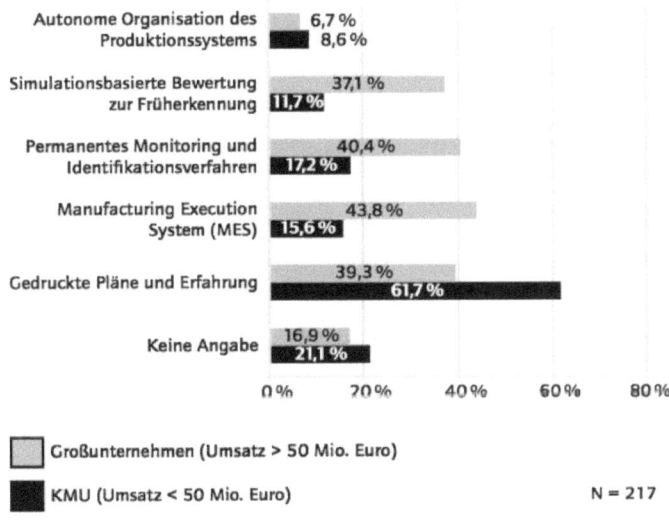

Quelle:
http://www.acatech.de/fileadmin/user_upload/Baumstruktur_nach_Website/Acatech/root/de/Publikationen/Kooperationspublikationen/acatech_DOSSIER_Kompetenzentwicklung_Web.pdf

Literaturverzeichnis

acatech (2016): *Kompetenzentwicklungsstudie Industrie 4.0.* URL: http://www.acatech.de/fileadmin/user_upload/Baumstruktur_nach_Website/Acatech/root/de/Publikationen/Kooperationspublikationen/acatech_DOSSIER_Kompetenzentwicklung_Web.pdf [Zugriff am 25.06.2017]

Bayerisches Staatsministerium für Wirtschaft und Medien, Energie und Technologie (2017): Digitaler Mittelstand_Digitalbonus.
URL: https://www.stmwi.bayern.de/digitalisierung/digitaler-mittelstand/digitalbonus/ [Zugriff am 25.05.2017]

Bayerische Staatsregierung (2017): Bayern Digital.
URL: http://www.bayern.de/politik/initiativen/bayern-digital/ [Zugriff am 25.06.2017]

bitkom (2016): Auf dem Weg zum digitalen Büro. URL: https://www.bitkom.org/NP-Themen/NP-Hard-Software-Services-Loesungen/ECM/CeBIT-2016/Bitkom-Digital-Office-Index-PK-Charts-02.pdf [Zugriff am 26.06.2017]

bitkom (2016): *Presseinformation, Zwischen Tradition und Innovation.* URL: https://www.bitkom.org/Presse/Presseinformation/Zwischen-Tradition-und-Innovation-Das-Handwerk-wird-digital.html [Zugriff am: 20.04.2017]

bitkom (2016): *Forschung, Die Digitalisierung des Handwerks.* URL: https://www.bitkom.org/Presse/Anhaenge-an-PIs/2017/03-Maerz/Bitkom-ZDH-Charts-zur-Digitalisierung-des-Handwerks-02-03-2017-final.pdf

IfM Bonn: *KMU Definitionen.* URL: http://www.ifm-bonn.org/definitionen/ [Zugriff am: 15.04.2017]

Schröder, A.: *Prozessmanagement & Prozesse zum Leben erwecken – Tipps und Tricks.* URL: https://axel-schroeder.de/prozessmanagement-prozesse-zum-leben-erwecken-tipps-und-tricks/#commentform [Zugriff am: 14.04.2017]

Statistisches Bundesamt: *Kleine & mittlere Unternehmen, Mittelstand.* URL: https://www.destatis.de/DE/ZahlenFakten/GesamtwirtschaftUmwelt/UnternehmenHandwerk/KleineMittlereUnternehmenMittelstand/Tabellen/Insgesamt.html [Zugriff am: 14.04.2017]

Zuboff, Shoshana (2014): „Creating value in the age of distributed capitalism", in: McKinsey Quarterly, Nr. 3. URL: http://www.mckinsey.com/business-functions/strategy-and-corporate-nan-ce/our-insights/creating-value-in-the-age-of-distributed-capitalism [Zugriff am 25.06.2017]

BEI GRIN MACHT SICH IHR WISSEN BEZAHLT

- Wir veröffentlichen Ihre Hausarbeit, Bachelor- und Masterarbeit

- Ihr eigenes eBook und Buch - weltweit in allen wichtigen Shops

- Verdienen Sie an jedem Verkauf

Jetzt bei www.GRIN.com hochladen und kostenlos publizieren